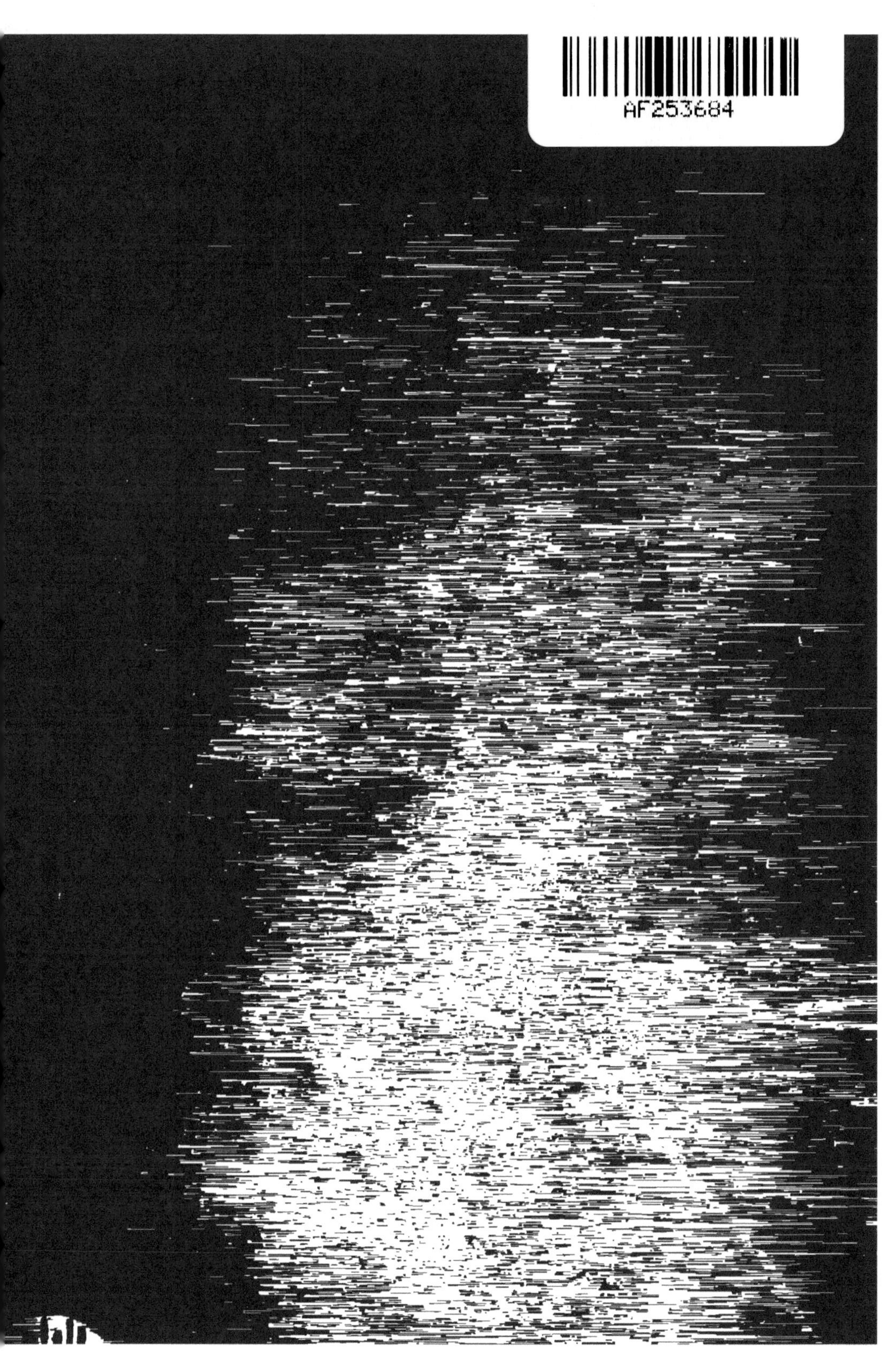
AF253684

Ib 44
776

ACADÉMIE IMPÉRIALE

DES SCIENCES, ARTS ET BELLES-LETTRES DE CAEN

SÉANCE PUBLIQUE DU 7 JUIN 1866

DISCOURS

DE M. JULES CAUVET

PRÉSIDENT

Génie littéraire de l'empereur Napoléon Ier

CAEN

F. LE BLANC-HARDEL, IMPRIMEUR-LIBRAIRE

RUE FROIDE, 2

1866

Extrait des Mémoires de l'Académie impériale des Sciences, Arts et Belles-Lettres de Caen.

L'Académie, en quittant aujourd'hui, pour le grand jour de la publicité, la retraite habituelle de ses séances, n'a pas obéi au désir d'affirmer aux yeux de tous son existence déjà deux fois séculaire. Elle poursuit un but plus élevé ; elle vise à développer, parmi nos concitoyens en général, parmi les élèves de nos écoles en particulier, le goût désintéressé des études littéraires.

Il serait inutile de le cacher. Cette noble passion que ressentaient nos aïeux pour la culture des lettres semble menacée, autour de nous, d'une décadence sensible. Les études historiques, et toutes les questions d'érudition qu'elles amènent à leur suite, sont, j'en rends grâce à Dieu, l'objet de l'attention générale ; elles produisent, chaque jour, d'utiles, d'excellents travaux. Mais l'admiration enthousiaste de nos auteurs français des deux derniers siècles, mais la lecture assidue des grands modèles de l'antiquité classique ; c'est là, il faut en convenir, une source d'occupations agréables, de jouissances douces et calmes, taries, présentement, pour un grand nombre d'esprits, d'ailleurs distingués et sérieux.

L'existence elle-même de l'Académie, ses réunions, ses travaux constituent une protestation vivante contre cette indifférence littéraire qui menace de nous envahir. Essayer de la combattre, dans la mesure de ses forces, c'est, je pense, la meilleure manière de s'acquitter de sa tâche, pour celui des membres de la Compagnie, auquel la bienveillante indulgence de ses confrères a dévolu l'honneur insigne de présider cette séance qu'honorent de leur présence tant de personnages éminents.

Imbu de cette idée, j'eusse aimé à marcher sur les traces du grand orateur romain plaidant pour le poète Archias, et à célébrer, après lui, la beauté littéraire, dans ses manifestations diverses. Mais, je le sens, ici comme il arrive souvent, la prédication doctrinale réussirait moins bien que celle de l'exemple. Au préjugé contemporain, qui trouve je ne sais quoi de suranné dans les œuvres les plus belles que les lettres anciennes nous ont transmises, j'opposerai l'exemple d'un grand homme, du plus grand homme des temps modernes, de Napoléon Ier enfin.

Ce que je rechercherai brièvement dans les souvenirs si pleins d'attrait que nous a transmis le fidèle compagnon de son exil, ce ne sera pas le côté littéraire de la vie du grand Empereur, où se verrait, principalement, l'empreinte de ses exploits guerriers, de son génie administratif, de son éclatante fortune. Je m'attacherai uniquement à vous montrer cet homme illustre entre tous les autres, mêlé de si bonne heure aux événements les plus capitaux, sans cesse préoccupé des soins les plus absorbants ; et cependant, toujours sensible aux plaisirs délicats que procure le goût des lettres.

Napoléon, au sortir de l'enfance, éprouvait pour la lecture une passion telle qu'il dévorait avec une sorte de fureur, il l'a déclaré à Ste-Hélène, tous les livres qui lui tombaient dans les mains (1). Les immenses lectures qu'il avait faites en ce temps l'avaient merveilleusement préparé, il l'affirmait, à remplir le rôle prodigieux que la Providence allait lui départir (2).

Mais le voilà sorti des écoles militaires de Brienne, de Paris, d'Auxone, avec ce grade de lieutenant d'artillerie, qui doit le conduire à de si hautes destinées. Il tient garnison à Valence, et se fait remarquer dans la société élégante, par la distinction de ses manières, le charme et la fougue de sa conversation. Ses études littéraires du premier âge ne sont pas oubliées. A cette époque, en effet, il composa une Histoire de la Corse, qu'il adressa à l'abbé Raynal, alors au faîte de la renommée. Nous voyons que cet ouvrage, qui ne s'est pas retrouvé, fut accueilli avec faveur pour l'académicien (3). Sans doute il eût paru sous son patronage, si la Révolution qui approchait n'en eût empêché la publication.

Napoléon, durant son séjour à Valence, concourut pour un prix décerné par l'Académie de Lyon. Son mémoire, resté dans les archives de la Compagnie, lui fut représenté, dans les temps les plus glorieux

(1) *Mémorial de Ste-Hélène*, 31 août 1815.

(2) *Ibid.*, 23 juin 1816.

(3) *Ibid.*, 29 juillet 1816.

de l'Empire ; mais l'Empereur ordonna qu'il fût brûlé sous ses yeux. Le sujet choisi par l'Académie prêtait singulièrement a la déclamation : *Quels sont les principes et les institutions à inculquer aux hommes, pour les rendre le plus heureux possible* (1) ? Sans doute, l'illustre concurrent n'avait pas su éviter les écueils que des données si vagues semaient naturellement sous les pas d'un jeune homme.

Les grands événements de la Révolution ont commencé. Le siége de Toulon , les campagnes d'Italie, d'Égypte, de Marengo ont placé Napoléon au faîte de la puissance. Il est devenu l'empereur glorieux de cette France républicaine qu'il va reconstituer sur des bases durables. Les goûts littéraires qui le distinguent reparaissent au grand jour ; et c'est en eux , nous le pensons, qu'il trouvera les distractions les plus précieuses à la fatigue d'esprit que l'exercice du pouvoir suprême ne peut manquer d'entraîner.

L'Empereur aimait singulièrement à voir représenter devant lui les œuvres immortelles de nos grands auteurs tragiques. Il affectionnait, également, les tragédies de second ordre, nombreuses et estimées , de son temps (2). Plusieurs fois, il avait ordonné que l'on montât, pour le théâtre de St-Cloud , les plus belles pièces d'Euripide et de Sophocle, en leur conservant entièrement leur physionomie antique. Dans les entretiens littéraires de Ste-Hélène, il regretta sou-

(1) *Mémorial de Ste-Hélène* , 31 août 1815.

(2) *Ibid.*, 28 février 1816. « *Hector*, notamment, par Luce de
« Lancival lui plaisait beaucoup. Cette pièce avait de la chaleur,
« de l'élan ; il l'appelait une pièce de quartier général, assurant
« qu'on irait mieux à l'ennemi après l'avoir entendue. »

vent de s'être laissé détourner de cette idée par des difficultés de détail et des objections intéressées (1).

« La tragédie, disait-il à ses courtisans à l'un de « ses levers les plus fréquentés des Tuileries, échauffe « l'âme, élève le cœur, peut et doit créer des héros. « Sous ce rapport peut-être, la France doit à Cor-« neille une partie de sa gloire. Aussi, Messieurs, « s'il vivait de mon temps, je le ferais prince (2). »

Le grand Empereur, à la même époque de sa carrière, prouva d'une manière éclatante, son estime pour la culture des lettres, par la direction qu'il entendit communiquer à l'Université impériale qu'il venait de fonder. Parmi les membres de ses conseils, sortis en grand nombre des assemblées républicaines, il se rencontrait beaucoup d'hommes adonnés exclusivement aux idées positives. Pour ceux-là, l'enseignement des littératures latine et grecque semblait un emprunt malheureux aux traditions du passé. L'étude des langues modernes et celle des sciences exactes étaient les seules qu'admissent les lumières nouvelles et le progrès des temps modernes.

Ces théories étroites, si souvent reproduites depuis, n'éblouirent pas un instant l'esprit du capitaine illustre, malgré la direction première de ses études vers les sciences mathématiques. Il voulut que dans les écoles nouvelles, comme dans celles d'autrefois, l'étude de l'antiquité classique fût le point de départ commun, et comme un territoire neutre, que chaque élève devrait traverser, avant d'aborder le terrain

(1) *Mémorial de Ste-Hélène*, 25 octobre 1816.
(2) *Ibid.*, 28 février 1816.

spécial où sa vocation l'appelait. L'intérêt bien en-
tendu des sciences exigeait qu'il en fût ainsi. C'est la
pensée humaine qui les rend fécondes ; elle doit, par
suite, s'assouplir et se discipliner elle-même, pour
se préparer aux investigations délicates que demande
le progrès des hautes sciences. Napoléon, à cette
occasion, prononça, devant le Conseil d'État, ces
belles paroles, honorables pour les lettres, sans être
hostiles aux sciences : « Les sciences sont une belle
« application de l'esprit humain ; mais les lettres,
« c'est l'esprit humain lui-même. »

Après des prospérités sans exemple, l'heure des
calamités égales à sa grandeur a sonné pour Napoléon. Prisonnier des Anglais qui abusent de sa con-
fiance, il vogue, sur un vaisseau britannique, vers
cette île lointaine que sa captivité et sa mort vont
rendre à jamais célèbre. L'un de ses soins les plus
marqués, lors du funeste embarquement de Roche-
fort, a été de s'assurer que l'on a placé dans ses
bagages cette bibliothèque de campagne qui le suivait
toujours dans ses expéditions guerrières (1). Ces
livres chéris, souvent feuilletés par l'Empereur dans
les loisirs des bivouacs, allaient être repris par lui,
avec un redoublement d'affection, pendant les mo-
ments nombreux de dégoût et d'ennui d'une traversée
de plus de deux mois.

Le but du fatal voyage est atteint, et l'auguste
captif est installé, à la hâte, dans l'étroite demeure
de Longwood, qui doit, jusqu'à la fin, abriter tant de
gloire. Quel changement dans cette existence si

(1) *Mémorial de Ste-Hélène*, 21 août 1815.

agitée et si féconde ! Mais quels remèdes auront assez de puissance pour combattre, pour atténuer du moins, l'immense désœuvrement de ce génie habitué à remuer le monde ?

Le goût des lettres, on peut l'affirmer, sera le baume salutaire auquel cette vertu sera réservée. Voici en effet, avec quelques promenades et quelques parties d'échecs, quelle était, durant le séjour à Sᵗᵉ-Hélène du comte de Las Cases, la distribution la plus ordinaire de la journée de son maître tant aimé.

La première partie du matin était consacrée par Napoléon à des lectures solitaires. Les auteurs les plus divers, les sujets les plus variés attiraient successivement son attention. Tantôt, il s'occupait de mécanique et de tactique militaire ; tantôt, de géographie ancienne ou moderne. Plus souvent encore, les grands problèmes de l'histoire captivaient sa pensée, et les diverses époques de l'humanité passaient, tour à tour, devant ses yeux. Il est visible, toutefois, qu'il ressentait un attrait particulier pour les récits de l'histoire romaine ; étude, en effet, pleine de charme, dont il devait, si heureusement pour les lettres, transmettre l'amour à l'héritier de son nom et de son Empire.

Les ouvrages importants, publiés de nos jours, sur les origines et la constitution politique de l'ancienne Rome, faisaient alors défaut. Napoléon, pour se guider dans ses appréciations, ne possédait par suite que des auteurs imparfaits : Rolin, Crévier, Vertot. Il n'en avait pas moins entrevu, avec une perspicacité remarquable, quelques-unes des vérités

que la critique moderne a mises en lumière. C'est
ainsi que, dans les deux tribuns, Tiberius et Caius
Gracchus, il se refusait à voir des factieux vulgaires.
Il signalait leurs projets généreux : contenir une aris-
tocratie avide et cruelle ; reconstituer, sans spolia-
tions, en lui distribuant des terres publiques, la
classe des cultivateurs libres, alors, comme aujour-
d'hui, la base la plus solide de la prospérité des
États (1).

D'autres fois, pour combattre l'ennui, cet ennemi non moins redoutable que le climat de S^{te}-
Hélène, venaient des lectures plus frivoles. Napoléon,
avec cette fougue qu'il apportait en toutes choses,
relut alors tous les romans célèbres de son temps. Il
reprit aussi, avec un vif plaisir, les Lettres de Mme de
Sévigné, et celles de Mme de Maintenon. Le style de
cette dernière, plein d'une grâce austère, le char-
mait à ce point qu'il semblait lui donner la préférence,
malgré le jugement contraire de la postérité (2).

Sa lecture terminée, il faisait appeler, d'habitude,
un de ses compagnons d'infortune, pour lui communiquer ses impressions. Les jugements littéraires de
Napoléon Ier, que l'on trouve en grand nombre dans
le *Mémorial de Ste-Hélène*, sont empreints d'un carac-
tère éclatant de moralité et de bon goût. Tout ce qui
élève les âmes obtient son ardente sympathie ; ce qui
les abaisse et les énerve, il le flétrit, au contraire,
par des paroles vibrantes. Enfant du XVIIIe siècle,
il ressentait peu d'attraction pour la littérature de ce

(1) *Mémorial de Ste-Hélène*, 22 mars 1816.
(2) *Ibid.*, 6 septembre 1816.

temps, qu'il rabaissait, parfois, au-dessous de sa va-
leur véritable (1).

Dès le moment triste et solennel des adieux de
Fontainebleau, Napoléon avait promis à ses braves,
d'écrire, pour le transmettre aux âges futurs, le
récit des grandes choses qu'ils avaient accomplies
ensemble. Les dictées de Ste-Hélène furent l'exécution
de ce legs sacré. Elles avaient lieu, habituellement,
vers le milieu du jour. L'illustre auteur, pour s'y
préparer, parcourait fréquemment la collection des
Moniteurs; il lisait aussi parfois des auteurs anciens
d'un accès difficile. Hérodote et Strabon, notamment,
lui parurent utiles à consulter, pour la description
qu'il voulait faire de l'Égypte (2).

La soirée, toujours longue sous le ciel des tropi-
ques, était enfin venue. L'Empereur la passait comme
en famille, au milieu de ces courtisans du malheur
qui s'étaient, volontairement, associés à sa disgrâce.
Le grand exilé, dans ces réunions, aimait à développer
les idées politiques qui l'avaient préoccupé, au temps
de sa puissance ; à discuter la possibilité des entre-
prises qu'il avait tentées, sans réussir ; à repousser,
avec une verve étincelante, les reproches qu'il pré-
voyait pouvoir venir l'atteindre. Mais, au milieu de

---

(1) *Mémorial de Ste-Hélène*, 1er juin 1816. « L'Empereur m'a
« fait venir. Il avait relu la *Nouvelle Héloïse*. En l'analysant de
« nouveau, il la sabrait, cette fois, tout-à-fait..... Il s'étonnait de
« la facilité de l'opinion dans ces temps-là. Voltaire et Jean-Jacques
« l'avaient gouvernée à leur gré ; ils seraient moins heureux au-
« jourd'hui. *Si Voltaire, surtout, avait régné sur ses contempo-*
« *rains*, disait-il, *c'est que tous alors n'étaient que des nains* ».
(2) *Ibid.*, 25 septembre 1816.

ces conceptions d'esprit d'un autre ordre, les occupations littéraires avaient leur place marquée.

Chaque soir, en effet, pour ainsi dire, Napoléon envoyait chercher dans sa bibliothèque l'un de ses volumes les plus précieux. Puis, il lisait, lui-même, à ses auditeurs attentifs, quelque pièce de Molière, quelque tragédie de Corneille ou de Racine.

Les poèmes d'Homère et les tragiques grecs obtenaient également l'honneur de ces lectures à haute voix, réservées, naturellement, aux auteurs qui possédaient ses sympathies les plus vives (1). Parfois aussi, l'on vit le grand capitaine lire de la sorte quelques livres de la Bible, quelques chapitres des Évangiles, dont il signalait avec feu la douceur et la perfection incomparables (2). Sans doute, ces méditations de l'exil disposaient de loin le captif auguste à la mort sincèrement chrétienne qui devait, quelques années plus tard, terminer, d'une manière si touchante, une carrière marquée de tant d'agitation et de tant de gloire.

Vous le voyez, Messieurs, Napoléon dans l'infortune, jetant sur ses jours passés et sur sa vie présente un regard ferme, bien qu'attristé, eût pu adresser aux belles-lettres ces paroles éloquentes du discours de Cicéron que j'ai cité plus haut : « Hæc studia ado-
« lescentiam alunt, senectutem oblectant, secundas

(1) *Mémorial de S*^{te}*-Hélène*, 8 octobre, 8 novembre 1816.

(2) *Ibid.*, 8 juin 1816. « L'Empereur a terminé cette conversa-
« tion, en envoyant mon fils chercher l'Évangile, et le prenant, au
« commencement, il ne s'est arrêté qu'après le sermon de Jésus
« sur la montagne. Il se disait ravi, extasié de la pureté, du
« sublime et de la beauté d'une telle morale, et nous l'étions tous
« de même. »

« res ornant, adversis perfugium ac solatium præbent,
« delectant domi, non impediunt foris, pernoctant
« nobiscum, peregrinantur, rusticantur. »

Jeunes gens qui m'écoutez, qu'un exemple parti de
si haut ne soit pas perdu pour vous ! Aimez les lettres,
dans leurs aspects divers, tour à tour austères et gra-
cieux. Reprenez souvent, dans l'âge de la liberté et de
la force, ces auteurs classiques dont votre enfance fut
nourrie. Contractez l'habitude salutaire d'écrire,
fréquemment, sur des sujets d'histoire ou de littérature. L'Académie compte sur vous pour remplir les
vides que la mort fait, chaque année, dans son sein.
Semblables aux coureurs antiques, vous recueillerez
de vos aînés, le flambeau des grandes et sévères
études ; vous le transmettrez, vous-mêmes, à vos
successeurs, et vous aurez fait, par là, une œuvre
utile pour la gloire de la grande patrie française et
le renom de notre chère ville natale !

Caen, typ. F. Le Blanc-Hardel.

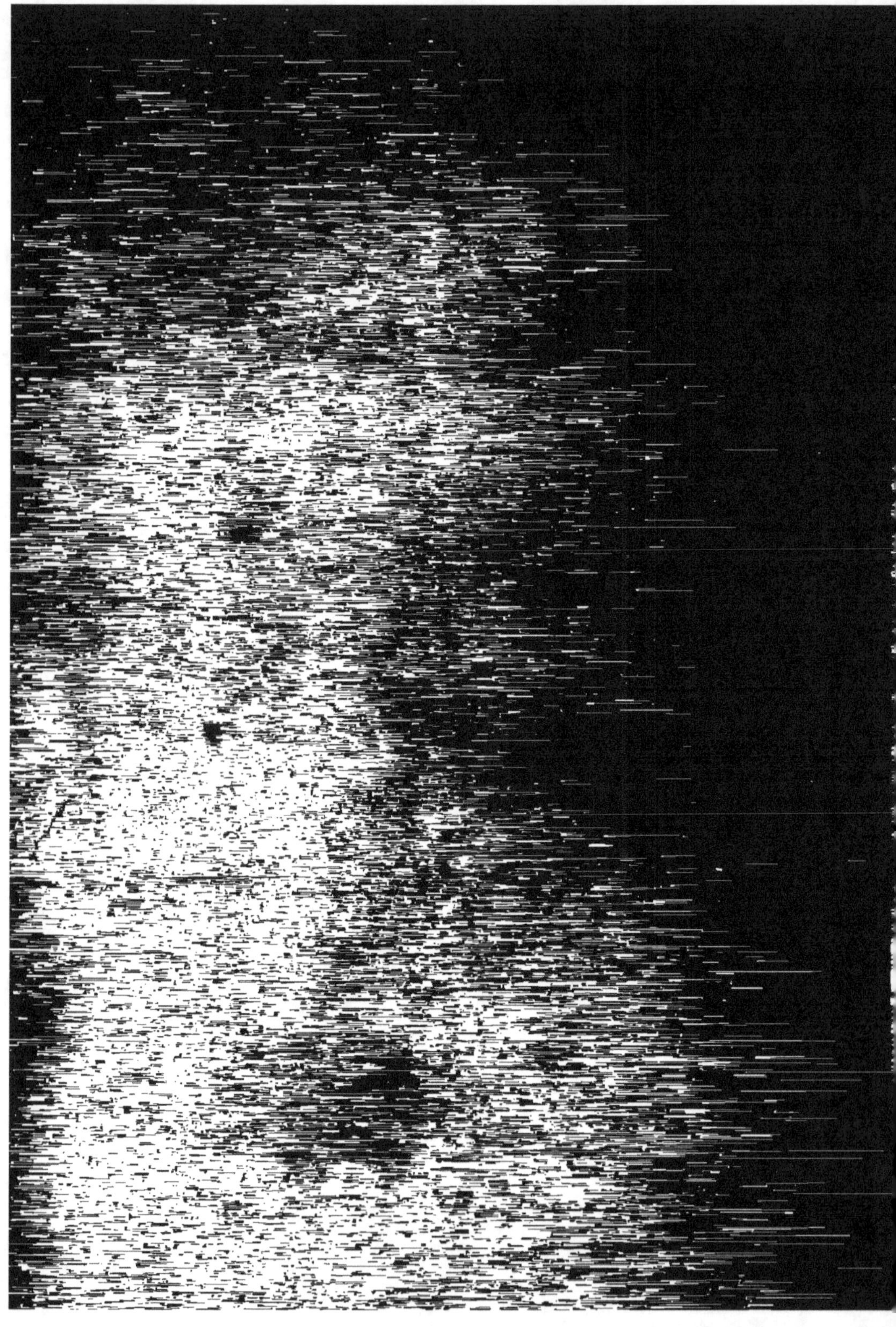